DAS POPEL BUCH

Entworfen und illustriert von Martin Riskin

BASTEI-LÜBBE-CAR
Band 75 005

Erste Auflage: Januar 1988

© Copyright 1986 by Donald Wetzel · All rights reserved
Deutsche Lizenzausgabe 1988 Bastei-Verlag Gustav H. Lübbe GmbH & Co.,
Bergisch Gladbach · Originaltitel: The Booger Book · Ins Deutsche übertragen
von Martina Sahler · Umschlaggestaltung: Quadro Grafik, Bensberg
Druck und Verarbeitung: Ernst Klett Druckerei GmbH & Co. KG, Stuttgart
Printed in Germany · ISBN 3−404−75005−5 · Der Preis dieses Bandes versteht sich
einschließlich der gesetzlichen Mehrwertsteuer.

Menschen, die in ihren Nasen bohren und das Gefundene an der Unterseite des Eßtisches plazieren, haben es nicht verdient, in den Himmel zu kommen. — **Leo Tolstoi**

Sämtliche Popel lassen sich in zwei große Gruppen unterteilen:
1. Trockene Popel
2. Feuchte Popel

Trockene Popel werden aufgrund ihrer Beschaffenheit eher bei Personen angetroffen, die in den trockenen Gebieten des Landes leben, wie etwa im Süden und Südwesten, während die feuchten Popel mehr den Personen vertraut sind, die in Gebieten mit reichem Niederschlag oder einer allgemein hohen Feuchtigkeitsrate leben.
Wie dem auch sei – es sind nicht nur die geographische Lage und die klimatischen Bedingungen, die die relative Feuchtigkeit oder Trockenheit eines Popels bestimmen. So kann davon ausgegangen werden, daß sich bei dem Durchschnittsleser dieses Buches, ungeachtet des Gebietes, in dem er oder sie lebt, bei den meisten hier beschriebenen Popel, feucht oder trocken, eine gewisse Vertrautheit einstellt.

Was, um das noch hinzuzufügen, bedauerlich ist.

Affen bohren nicht in der Nase. Dies ist so ungefähr die einzige widerliche menschliche Angewohnheit, die sie nicht übernommen haben.

Charles Darwin

An dieser Stelle soll nicht unerwähnt bleiben, daß sich ein Popel in Alabama, der unter die Ecke eines Stuhles oder eines Bettes plaziert wird, bei Berührung auch noch einen Monat später feucht anfühlt, was auf die gottverdammte Feuchtigkeit in diesem Landstrich zurückzuführen ist.

Es gibt Menschen, die befürworten eine Unterteilung der Popel nach hart oder weich, anstatt nach feucht und trocken, aber das erschiene mir unklug, weil es unwahrscheinlich ist, daß jemand einem Popel begegnet, der sowohl hart als auch feucht ist oder der sowohl weich als auch trocken ist. So einen Popel müßte man als ein abnormales Exemplar bezeichnen. Ich erachte es für sinnvoller, die eingangs erwähnte Unterteilung, feucht und trocken, beizubehalten.

Wenn Sie, lieber Leser, Popel haben sollten, die nicht unter diese beiden groben Kategorien fallen, dann bohren Sie wahrscheinlich zu heftig und unkontrolliert in Ihrer Nase. Höchstwahrscheinlich werden Sie bald Wundschorf bekommen.

Leute, die das beim Nasenbohren Gefundene unter den Kissenbezug kleben, sind krank. **Sigmund Freud**

TROCKENE POPEL

Zwanglos gesprochen läßt sich festhalten, daß die Gruppe der trockenen Popel als solche weniger Charakter hat als die der feuchten Popel. Abgesehen von Unterschieden in Größe und Farbe ist ein trockener Popel fast wie der andere, ein kleiner runder Ball aus getrocknetem Schleim (». . . die Fäulnis, die aus der Nase kommt«, John Scot, 1530) nicht so weich wie ein Ball aus Gummi-Klebstoff, aber auch nicht so hart wie eine kleine Eisenkugel, mit einer Beschaffenheit und Dicke, die dem ein Tag alten Rattenkot sehr ähnlich ist.

Wenn er auf den Boden fällt, wird der durchschnittliche trockene Popel weder hochschnellen noch zerschellen. In einigen seltenen Fällen wird er rollen, aber normalerweise wird er da liegenbleiben, wo er hingefallen ist, weil nämlich die meisten der trockenen und totwirkenden Popel die spezielle und klar erkennbare Fähigkeit haben zu kleben. Wie hinreichend bekannt ist, kann nämlich ein Popel, der augenscheinlich so tot und trocken ist wie Pharao Tutenchamun höchstpersönlich, an eines Nasenbohrers Finger bleiben, wie festgeleimt. In der Tat, die tierische Anziehungskraft, die ein trockener Popel und der Finger, der ihn geholt hat, haben können, ist eines der bizzaresten Geheimnisse der Natur.

Arten von trockenen Popeln

DER MURMEL-POPEL

Absolut rund. In einigen Fällen wird er in dieser Form bereits aus der Nase geholt, aber häufig ist seine Form die Folge von extremer Manipulation seitens des Nasenbohrers, sei es aus Nervosität, Aufregung oder krankhafter Gewohnheit. Dieser Popel wird, gibt man ihm auf einer glatten Oberfläche einen leichten Schubs, über eine erstaunliche Entfernung hinweg weiterrollen.

DER SCHROT-POPEL

Ein kleiner Popel, der bekannt ist für seine außergewöhnliche Schwere bei relativ kleiner Größe (wie es auch auf bestimmte Sterne zutrifft), der, unter allen Umständen, maximale Dichte erlangt hat und der, gelegentlich, wenn er heftig genug gegen eine Wand geschleudert wird, beim Zerbersten oder Explodieren beobachtet werden kann, wobei er möglicherweise sogar ein Loch an der Stelle hinterläßt, an der er aufgeprallt ist. Der Schrot-Popel, wie oben beschrieben, wird vom Nasenbohrer meist im hinteren, oberen Teil der Nase gefunden. Oftmals ist er einer der nur schwer zu lokalisierenden und zu entfernenden Popel. Der ernsthafte Nasenbohrer jedoch wird unter allen Umständen die erfolgreiche Entfernung des Schrot-Popels anstreben, weil sich die Anstrengung lohnt.

DER-SCHWARZES-LOCH-IM-WELTALL-POPEL

Ein Popel von himmlischer oder — wie es manchmal scheint — gar kosmischer Bedeutung für den Nasenbohrer. Dieser außergewöhnlich große schwarze Popel, der eher dahin tendiert, flach als rund zu sein, wird aus der Nase mit einem unüberhörbaren kratzenden, schabenden Geräusch befördert; einen Moment lang könnte man annehmen, daß er von Teilen der Naseninnenwände begleitet wird, wenn nicht sogar von geheimnisvollen schwarzen Stoffen des Gehirns selbst. Dem Nasenbohrer bleibt nichts übrig, als den Schwarzes-Loch-im-Weltall-Popel mit unverhohlener Ehrfurcht zu betrachten. Falls er auf den Boden fallen und dort liegenbleiben sollte, sähe er aus wie ein großes schwarzes Loch.

DER TROCKENE HAARIGE POPEL

Das ist ein Popel, gewöhnlich schwarz und hart wie Zement, der sich an ein langes Haar in der Nase geklammert hat und der nur entfernt werden kann, wenn man gleichzeitig das Haar, mit dem er sich schier verschmolzen hat, entfernt, in jeder Instanz ein ausgesprochen schmerzhafter Prozeß. Das begleitende Haar, wenn es lang genug ist, gibt dem Popel das Aussehen einer kleinen Bombe mit Zündschnur, wenn man ihn eine Zeitlang betrachtet.

DER GERÄUCHERTE BÄREN-POPEL

Als möglicherweise der schwärzeste aller Popel kommt diese Art lediglich bei Waldarbeitern, Indianern und denkbarerweise bei Bären vor, und dies auch nur dann, wenn der Wald brennt. Indianer sind großartige Waldbrand-Bekämpfer, und darauf ist zurückzuführen, daß es seine Berechtigung hat, festzustellen, daß Indianer — zumindest einige — die schwärzesten Popel produzieren, die der menschlichen Rasse bekannt sind. Diese Popel sind so trocken, daß man sie wie eine Brezel auseinanderbrechen könnte, wozu sich allerdings die wenigsten Menschen herablassen; sie werfen sie einfach ins Feuer zurück.

DER PYGMÄEN-POPEL

Ein Popel, der immer ziemlich hinten im Nasenloch lokalisiert wird, wo er für lange Zeit verharrt, ganz gleich, ob man sachte und überaus vorsichtig oder gewaltsam und unbeherrscht Anstrengungen zur Entfernung macht, so daß der Nasenbohrer den Eindruck gewinnt, es handle sich um einen Popel sowohl von monströser Größe als auch von nie zuvor erlebter Listigkeit. Und all dies lediglich, um nach letztendlich geglückter Entfernung zu erkennen, daß er genau so groß und interessant wie eine Küchenschabe ist. Es handelt sich hierbei immer um einen der niederen Triumphe des Nasenbohrers.

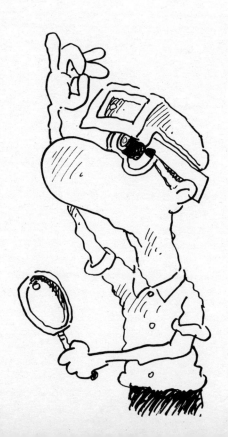

Zeige mir einen Mann, der mit dem kleinen Finger in der Nase bohrt, und ich zeige dir einen Mann, der eine Nase wie ein Hase hat. — **Oscar Wilde**

DER PHANTOM-POPEL

Der Phantom-Popel ist, wie der Name schon andeutet, kein wirklicher Popel. Es existiert lediglich in den Gedanken spezieller Nasenbohrer, die frustriert und zwanghaft sind. Sie bestehen darauf, obwohl ihre Nasen so wund wie Furunkel und so öde wie Vogelkäfige sind, daß es da irgendwo, ganz verborgen, noch einen Popel geben muß. Graben werden sie nach ihm, obwohl ihre Augen vor Schmerz tränen werden. Diese neurotischen Nasenbohrer, in unaufhörlicher Verfolgung des Phantom-Popels begriffen, sind, und das mutet sicher seltsam an, oftmals Leute von Rang und Namen, und nicht etwa Hallodris oder zwielichtige Gestalten. Man nimmt an, daß Napoleon Bonaparte beispielsweise zu ihnen gehörte. Die Hand an der Brust, wie sie auf vielen Portraits zu sehen ist, ist der verborgene Beweis: Ein angesehener Mann wollte seine krankhafte Nasenbohrerei unter Kontrolle bringen, zumindest so lange, bis das Portrait fertig war.

Weil der Phantom-Popel nicht wirklich existiert, hätte er auch genau so gut den feuchten Popel zugeordnet werden können. Was mich angeht, so hätte ich nichts dagegen gehabt.

DER BASTARD-POPEL

Der Name dieses auffällig trockenen Popels kommt daher, daß es nicht möglich ist, ihn zu einem handlichen kleinen Popel-Ball zusammenzurollen. Es klappt einfach nicht, er nimmt keine annehmbare Form an. Absolut nichts kann man tun, damit er sich wie ein korrekter Popel verhält. Wenn er aus der Nase geholt wird in Form einer Bretzel, eines Wagenrads oder einer Landkarte von Italien, dann wird er diese Struktur behalten, ganz egal, welche Mühen der Nasenbohrer auch aufwendet, um ihn in eine gefälligere Form wie eine diskret plazierbare Kugel zu bringen. Er ist einfach zu trocken, zu starrsinnig, zu alt und zu spröde. Er würde brechen, wollte man ihn bearbeiten. Nicht das Mindeste kann man mit diesem verdammten Ding anfangen. Dem Nasenbohrer bleibt nichts anderes übrig, als ihn Bastard zu nennen und ihn wegzukatapultieren, so gut es gehen mag, und selbst dabei muß man damit rechnen, daß er wie ein Jo-Jo zurückkommt.

DER FETZEN-POPEL

Dieser dünne Popel nimmt die Form der Innenseite der Nasenhöhle an, und es ist amüsant, ihn mit sanftem Ziehen von dort wegzubewegen. Die größeren Fetzen bringen nicht selten eine befriedigende, greifbare Sensation mit sich, besonders dann, wenn es gelingt, den ganzen Fetzen an einem Stück fortzubewegen. Der Fetzen-Popel ist allgemein bekannt, gibt sich nicht dazu her, zusammengerollt zu werden, und ist relativ leicht zu fassen.

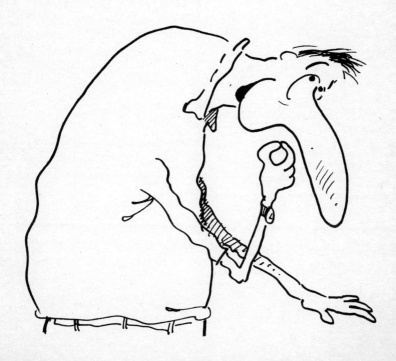

FEUCHTE POPEL

Während man einerseits davon ausgehen kann, daß feuchte Popel die größeren Variierungsmöglichkeiten haben — bisweilen tendieren sie gar zur Einzigartigkeit — kann man andererseits auch festhalten, daß sie wegen ihrer Größe schlichtweg mehr Charakter haben als die trockenen Artgenossen.
Es darf aber auch nicht unerwähnt bleiben, daß feuchte Popel oftmals von größerer Derbheit und Widerlichkeit — was auf ihren großen Feuchtigkeitsgehalt zurückzuführen ist — und von schleimiger Beschaffenheit sind.
Griffig, wie es sich geziemt, und leicht erfaßbar, daß es eine wahre Freude ist, gelten die feuchten Popel mit vollem Recht auch als eine unglückliche, aber sehr treffende Bezeichnung — Rotz.

Arten von feuchten Popeln
DER FISCHAUGEN-POPEL

Der Fischaugen-Popel, der fälschlicherweise manchmal als Austern-Popel identifiziert wird (Dem Austern-Popel fehlen die Symmetrie und die Vielfarbigkeit des Fischaugen-Popels, und er ist normalerweise eher kugelförmig), ist einer der ekligeren Typen seiner Art. Die Ekelhaftigkeit finden wir allerdings bei den meisten feuchten Popeln, die Bruchstücken oder Resten menschlicher oder tierischer Organe oder Eingeweiden gleichen, wie etwa die Schneckenkopf-Popel, die Pustel-Popel, die Hühnerleber-Popel und die oben erwähnten Fischaugen-Popel. Der Fischaugen-Popel hat die kühlen, nackten charakteristischen Eigenschaften des Auges eines Fisches, der schon lange Zeit auf dem trockenen liegt. Es gibt allerdings keinen Zweifel, wenn man sich den Fischaugen-Popel näher betrachtet, daß so wenig Leben in ihm steckt wie in einem rostigen Nagel und daß er einem deswegen auch nicht zublinzeln wird.

Was ist persönlicher als ein großer feuchter Popel?
Robert Loius Stevenson

DER PIZZA-POPEL

Einer der besonders dramatischen Typen einer ganzen Serie von feuchten, dehnbaren Arten von Popeln. Dieser — wahrhaft ekelerregend, wenn er die Farbe von Mozzarella-Käse annimmt, was glücklicherweise nicht oft geschieht — folgt dem Finger aus der Nase heraus knapp einen halben Meter, oder auch mehr, bevor er nachflutscht und entweder am Finger oder an der Nase oder an beidem hängenbleibt. Weitere Beschreibungen dieses Popels wären schlichtweg zu widerlich.

DER ELASTISCHE POPEL

Dieser Popel, einer der dehnbaren Sorte, ist fest verankert im Inneren des Nasenlochs, und zu Beginn scheint er sich widerstandslos dem suchenden Finger zu ergeben, aber dann schnellt er ins Nasenloch zurück – mit einer Kraft und Gewalt, die des Nasenbohrers Kopf zurückschleudert. Dieses Zurückprallen könnte einerseits auf die Überraschtheit und den Verdruß des Nasenbohrers zurückzuführen sein, andererseits auf die Wucht des zurückprallenden Popels.

DER GROSSE FEUCHTE POPEL

Wahrscheinlich hat nicht jeder Nasenbohrer in seinem Leben die unvergeßliche Erfahrung gemacht, einmal den Großen Feuchten Popel aus dem Nasenloch herauszuziehen, der die kühnsten Erwartungen übertrifft, unvorstellbar in Größe und Vollkommenheit. Denn der Große Feuchte Popel reicht bis in den dunkelsten Schlupfwinkel der Schädeldecke, und wenn er herausbefördert wird, gewinnt man den Eindruck, er käme aus dem Gehirn selbst. Er ist eine Sensation, und als solche wird er vom Nasenbohrer völlig hingerissen empfangen. Einige setzen ihn gar mit einer religiösen Erfahrung gleich. Diejenigen Nasenbohrer, die dem Großen Feuchten Popel bis jetzt noch nicht begegnet sind, haben in der Tat etwas, worauf sie sich freuen können. Dieser Popel ist wirklich umwerfend.

DER ÜBERRASCHUNGS-POPEL

Der Überraschungs-Popel stellt anfangs nichts dar, aber sehr zum grenzenlosen Erstaunen des Nasenbohrers zieht dieser Popel eine scheinbar endlose Kette anderer Popel hinter sich her, ähnlich den hübsch farbigen Taschentüchern eines Zauberers, die er aus seinem Ärmel oder seinem Hut zieht, und die gleiche Aufmerksamkeit wird dieser Popelkette auch zuteil, wenn der Nasenbohrer innerhalb einer Gruppe aktiv wird. Die Popelkette gehört zu den peinlichen Momenten im Leben eines Nasenbohrers, und sie ist eine Schweinerei, selbst wenn man allein ist.

DER FERNSEH-POPEL

Dieser Popel ist entweder feucht oder trocken, aber eher tendiert er in die feuchte Richtung. Wie der Name schon vermuten läßt, wird er von einer Person geholt, die gerade vor dem Fernseher sitzt. Innerhalb großer Familien wird mehr als einer dieser Popel während eines Abends zu den unterschiedlichsten Zeiten geerntet, vergessen auf einem Daumen oder Zeigefinger ruhend, wo er bleibt, wie ein kleines Extra-Auge, das seinen Blick auf das Fernseh-Geschehen richtet, in dem Maße, in dem die Szenen dramatischer werden. Diese Popel fallen aus eigenem Antrieb auf den Fußboden oder finden sich später auf der Unterseite des Fernseh-Tisches wieder.

Wenn man eine Dame oder ein Gentleman bleiben möchte, sollte man sich gründlich die Hände waschen, wenn man in der Nase gebohrt hat.
——————**Queen Victoria**

DER HÜHNERKOT-POPEL

Hat die richtige Mischung aus gelbem, schwarzem und weißem Stoff, um einem Stück Hühnerkot perfekt zu gleichen.

DER SKATEBOARD-WALZER-POPEL

Dieser Popel scheint innerhalb der Grenzen der Nasenhöhle so wild Skateboard zu fahren, als wäre er in einer Arena; er gleitet und rutscht, fährt Achten und Pirouetten; höchstwahrscheinlich ist er der am schwersten greifbare aller Popel, ob feucht oder trocken.
Er wird der Skateboard-Walzer-Popel genannt, weil in seinen Bewegungen eine Art Rhythmus zu stecken scheint, obwohl diese verdammte Rotzkugel einen ganz eigenen Kopf zu haben scheint. Was einen an den jungen Mann erinnert, der fragte, warum seine Nase pfeift, woraufhin ihm ein anderer junger Mann sagte, daß sie vielleicht den Liedtext nicht kenne.

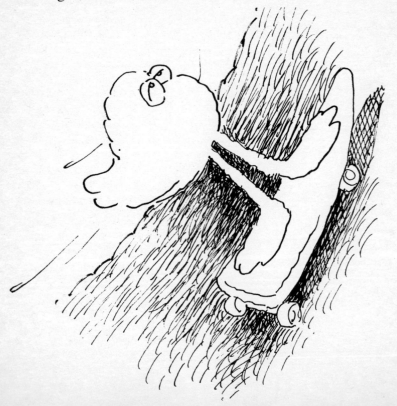

DER O-MEIN-GOTT-POPEL

Dies ist ein sehr blutiger Popel. ›Jetzt bin ich zu weit gegangen‹, denkt der Nasenbohrer, selbst wenn er den blutigen Popel herausgezogen hat. Argwöhnisch betrachtet er das Ding – ein Popel, aber irgendwie auch mehr –, das langsam an seinem Finger heruntergleitet. ›O mein Gott‹, sagt der Nasenbohrer, und daher hat das Ding seinen Namen. Er gehört in jedem Fall zu den eher widerlichen.

Interessanterweise hat keiner der Welt größten religiösen Führer irgend etwas darüber zu sagen, wie man sich in der Nase bohren sollte und welche diskreten Möglichkeiten es gibt, einen Popel unterzubringen.

DER BERÜHMTE GELBE STREIFEN

Obwohl er meist mit rotznäsigen Kindern in Verbindung gebracht wird, findet man den berühmten gelben Streifen auch bei erwachsenen Leidtragenden. In Wahrheit ist der ›Streifen‹ mehr als nur ein Popel, eine Kombination von Farben, ein Hinweis auf die Beschaffenheit und ein Resultat der Unterbringungs-Methode. In nördlichen Klimazonen ist er einheimisch, weil er das Tragen langer Ärmel erfordert.

DER SCHWIMMER-POPEL

Klar, wir könnten sehr gut ohne diesen Popel leben. Aber man kann den Schwimmern auch nicht nur böse sein, weil er einfach zum Sport gehört. Der Schwimmer quetscht sich die Nase aus — und heraus fällt der Popel, normalerweise ein großer. Unglücklicherweise landet er meistens im Pool.

DER HAFERBREI-POPEL

Im allgemeinen ein morgendlicher Popel, in weiten Teilen feucht, oft aber auch trockene Substanzen enthaltend. Häufig hat er eine überraschende Ähnlichkeit in Größe, Form und Struktur mit einem Brocken des Morgen-Haferbreis, den man vielleicht gerade zu sich nimmt.

DER SCHNEEWEISSCHEN-POPEL

Wird manchmal auch der Prinzessinnen-Popel genannt und ist den Damen vorbehalten. Nicht etwa wegen seiner ursprünglichen Beschaffenheit — normalerweise handelt es sich um einen gewöhnlichen feuchten Popel — sondern wegen des hübschen Nasenlochs, in dem er gewachsen ist und dem man einen solchen Inhalt nicht zutraute. Bei den Damen handelt es sich allem Anschein nach in jedem Fall um besonders gutsituierte. Zu ihrer eigenen Ehrenrettung wird sie den Popel mit höchster Ungläubigkeit und größtem Widerwillen betrachten, als wäre er etwas, das vom Himmel herabgefallen wäre, vielleicht von einem Vögelchen verursacht.

DER RADIERGUMMI-POPEL

Hier handelt es sich wieder um einen Kinder-Popel — normalerweise von einem Jungen — und einem ziemlich ungezogenen dazu. Das Kind — gewöhnlich in der Schule — fischt nach dem Popel mit dem kleinen Radiergummi am Ende seines Bleistiftes. Wenn es Erfolg hat, spielt es eine Zeit lang damit und versucht ihn dann als Radiergummi zu benutzen, was wirklich ungezogen ist.

DER PERFEKTE POPEL

Hier finden wir in der Tat die Art von Perfektion — wie etwa auch bei der Frage nach Schönheit — die nur in des Besitzers Augen existiert, und dann auch nur, wenn der Halter gleichzeitig Eigentümer ist. Allen anderen erscheint er lediglich als ein ungewöhnlich großer grüner feuchter Ball aus Schleim.

DER SCHNECKEN-POPEL

Der Schnecken-Popel — ein ganz besonders feuchter Popel — hinterläßt eine widerliche Spur schleimiger Materie, wenn er aus der Nase gezogen wird, und die ekelerregenden Reste bleiben auf der Oberlippe oder dem Schnurrbart, noch lange, nachdem der abstoßende Popel selbst entfernt wurde. Einen Schnecken-Popel im Gesicht eines Erwachsenen zu entdecken, dreht Leuten den Magen um, die ansonsten kaum blaß werden, wenn sie ein Kind mit grüner Rotznase sehen.

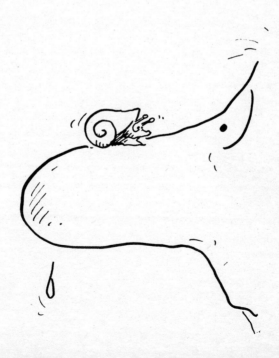

DER VERSCHWINDENDE POPEL

Ein nasser Popel, der den Nasenbohrer in Panik versetzen kann: Er weiß nicht, ob der Popel in die Nase zurückgeschliddert ist oder ob er von seinem Finger auf die Kleidung gefallen ist oder ob er auf seiner Unterlippe sitzt oder in seinen Haaren oder an seinem Ohr; oder wohin sonst sich das verdammte Ding verdrückt hat, denkt er bei sich. Und das Allerschlimmste daran ist, daß der Nasenbohrer in den meisten Fällen niemals ganz sicher sein kann, was mit dem Ding passiert ist, es sei denn, jemand sagt endlich zu ihm: »Jesus, was ist denn das da an deinem Ohr, das aussieht wie Rotz?« Dann weiß er, was mit dem Popel passiert ist.

ZUM ABSCHLUSS: UNTERBRINGUNG VON POPELN

Was verboten ist, macht doppelt Spaß; Früchte aus Nachbars Garten zu stehlen, ist vergnüglicher als welche zu kaufen. Aber alles hat seinen Preis, der bezahlt werden muß, wenn die Zeit gekommen ist. Und wie zutreffend ist das in Bezug auf das Nasenbohren, will man den Popel einmal mit einer Frucht vergleichen.
Endlich . . . der Popel . . . und dann . . . kommt plötzlich die Frage auf, die große Frage, dringend und real: Wie werde ich das verdammte Ding nur wieder los?

Die Frage der Unterbringung, das ist der Preis des Popels, und der kann verdammt hoch sein.
Zum Beispiel: Da sitzt der Popel auf der Fingerkuppe des gutgekleideten Gentleman, auf dem Zeigefinger der rechten Hand. Er beobachtet dies mit Befriedigung, dann schaut er sittsam weg und macht etwas mit seiner Hand, was diskret sein soll. Er schaut wieder hin. Der Popel ist weg. Aber nicht ganz. Er thront nun, wie er entdeckt, auf dem ersten Knöchel des zweiten Fingers der linken Hand. Er schüttelt seine Hand, als

würde er auf etwas auf dem Boden zeigen wollen. Was den Popel auf den zweiten Knöchel des Mittelfingers befördert. Außerdem hat diese Geste Aufmerksamkeit erregt. Der Mann steckt seine Hand in die Tasche. Später zieht er sie vorsichtig wieder heraus und entdeckt, daß der Popel verschwunden ist. Aber es ist immer noch sein eigener Popel, und das weiß er genau. Zu einem anderen Zeitpunkt, wann auch immer, an den Popel denkt er längst nicht mehr, geht er wieder mit der Hand in die Tasche, um Wechselgeld herauszuholen. Voller Widerwillen starrt der Verkäufer auf den Popel, der nun auf dem Handballen erschienen ist. Der Mann steckt Hand und Popel zurück in die Hosentasche. Und er hofft, daß der Popel bei der Wäsche verschwindet. Vielleicht verschwindet er wirklich, vielleicht aber auch nicht.
Es gibt unterschiedliche Standardtechniken der Nasenbohrer, um die erfolgreiche Unterbringung eines Popels zu erreichen. Die meisten dieser Techniken und Methoden funktionieren nicht oder nur sehr unbefriedigend. Aber immer noch werden sie angewandt.

Arten von Popel-Unterbringungs-Techniken

DAS SCHNIPPCHEN

Dies ist wahrscheinlich die frechste und gleichzeitig erfolgreichste Art der Popel-Unterbringung. Das Schnippchen wird geschlagen, indem man den Popel auf die Daumenspitze befördert, einen beliebigen Finger zurückzieht und mit Wucht nach vorne schleudern läßt.
Auf diese Art und Weise funktioniert der Trick normalerweise. Aber obwohl diese Methode den Popel wegkatapultiert, hat sie doch auch Nachteile, hauptsächlich, daß man niemals sicher sein kann, wo der Popel landet. Es könnte in der Mitte eines Panorama-Fensters, auf der Fotografie des Kindes, auf der Haushälterin oder auf der Stirn eines Umstehenden sein. Jemand oder etwas wird normalerweise immer getroffen.

DER EIN-NASENLOCH-DRÜCKER

Wenn sie angemessen ausgeführt wird, ist die Ein-Nasenloch-Drücker-Methode die einfachste und narrensicherste Technik, die man sich vorstellen kann. Ein Finger schließt ein Nasenloch; eine schnelle Bewegung mit dem Kopf, ein heftiges Schnaufen und fertig. Wird hauptsächlich von sich draußen befindenden Personen angewandt, die einen guten Sinn für die richtige Windrichtung haben.

DER SHAKER

Ähnlich dem Schnippchen, aber bei dieser Methode liegt die ganze Aktion im Handgelenk. Obwohl es erfahrene Nasenbohrer besser wissen sollten, wird diese Methode oftmals mit einem ungemein klebrigen Popel versucht, was gewöhnlich nicht funktioniert.

Die Methode beginnt, bei normaler Ausübung, mit einem schwachen, halbherzigen Schütteln des Handgelenks, so schwach, daß es kaum ausreichen würde, einen Brotkrumen zu entfernen. Wiederholte und heftigere Anstrengungen werden unternommen, bis die Hand drischt, als wären ein oder mehrere Finger in Brand. Während dies zwar unzweifelhaft Aufmerksamkeit erregt, wird doch nur in den seltensten Fällen ein wirklich klebriger Popel entfernt.

DER ABWISCHER

Auch Kinder mögen diese Methode. Die bekanntesten Plätze, um einen Popel unterzubringen, sind untere Stuhl- und Tischkanten und natürlich die Unterseite des Bettes. In einigen Heimen, wo es mehrere nasenbohrende Kinder gibt, kann es zu Häufungen von Popeln auf den Unterseiten verschiedenster Möbelstücke kommen, was den Eindruck erweckt, dort wüchse etwas, eine Art Pilz, offen erkennbar von jeder Stelle des Raumes aus. Bei diesen Anhäufungen läßt sich oft feststellen, daß der Familienhund größtes Interesse daran hat, weil er annimmt, es wäre etwas Gutes zu essen, und er hat einen Riesenspaß daran, an den Möbeln herumzukauen.

DER TRANSFER

Der Transfer unterscheidet sich von dem Abwischer dadurch, daß der Akt der Unterbringung des Popels als etwas Unbeabsichtigtes, einen Zufall, dargestellt wird. Dies ist die Lieblingsmethode der intellektuellen Nasenbohrer. Er oder sie gibt vor, der Popel würde gar nicht existieren. Sie gehen einfach davon und öffnen eine Tür oder drücken einen Aufzugsknopf oder schließen ein Fenster, und da bleibt der Popel zurück, je nachdem, welche Möglichkeit gewählt wird. Dies machen jene Art von Leuten, die auch auf reservierten Parkplätzen für Behinderte parken. Sie tun auch andere geschmacklose Dinge.

DER TROPFEN

Dies ist wahrscheinlich die am wenigsten erfolgreiche aller Methoden, einen Popel unterzubringen. Aber es gibt einige, die es immer wieder versuchen. Sie sind von Grund auf Optimisten. Sorgfältig wird der Popel in eine handliche runde Form gebracht und dann vorsichtig zwischen Daumen und Zeigefinger plaziert und dann – fallengelassen. Man geht davon aus, er fiele nun auf den Boden wie ein Fallschirmspringer. Aber dies glückt so gut wie nie. Er bleibt wie eine Warze am Daumen oder Zeigefinger haften. Aber solche Leute werden niemals aufgeben, es weiter zu probieren. Sie kennen einfach keine Scham. Das ist sehr bedauerlich.

DER LETZTE AUSWEG

Die am wenigsten bekannte Unterbringungs-Methode, und dies aus gutem Grund. Bei dem letzten Ausweg — einem Schritt der Verzweiflung — überträgt man den Popel beim Händeschütteln einfach einem anderen. Der ihn vielleicht gar nicht will, aber wenn er ihn einmal hat, gehört er ihm, und es liegt an ihm, ihn wieder loszuwerden.
Dies ist selbstverständlich eine ausgesprochen widerliche Angelegenheit.
Aber das ist ja das Nasenbohren schlechthin.

BASTEI-LÜBBE CARTOON

75 001

Scharfzüngig, weitsichtig und kurzweilig!

75 002

Weise, wahr und wunderbar!

75 003

Unabhängig, unverwechselbar und unentbehrlich!

75 004

Freundlich, fröhlich und sehr, sehr fraulich!

75 005

Radikal, reaktionär und rotzfrech!

75 006

Tollkühn, treffsicher und topaktuell!